Tecnologia decentralizzata: rivoluzionare le transazioni con le blockchain

Asha Sohal
Ramesh Kait

Tecnologia decentralizzata: rivoluzionare le transazioni con le blockchain

ScienciaScripts

Imprint
Any brand names and product names mentioned in this book are subject to trademark, brand or patent protection and are trademarks or registered trademarks of their respective holders. The use of brand names, product names, common names, trade names, product descriptions etc. even without a particular marking in this work is in no way to be construed to mean that such names may be regarded as unrestricted in respect of trademark and brand protection legislation and could thus be used by anyone.

Cover image: www.ingimage.com

This book is a translation from the original published under ISBN 978-620-7-46474-6.

Publisher:
Sciencia Scripts
is a trademark of
Dodo Books Indian Ocean Ltd. and OmniScriptum S.R.L publishing group

120 High Road, East Finchley, London, N2 9ED, United Kingdom
Str. Armeneasca 28/1, office 1, Chisinau MD-2012, Republic of Moldova, Europe

ISBN: 978-620-7-24701-1

Indice dei contenuti

Capitolo 1: Introduzione alla tecnologia Blockchain e concetti fondamentali

1.1 Definizione di Blockchain

La blockchain è una tecnologia di registro distribuito che consente transazioni peer-to-peer sicure e trasparenti senza la necessità di intermediari. Nel suo nucleo, una blockchain è un elenco in continua crescita di record, chiamati blocchi, che sono collegati e protetti mediante crittografia. Ogni blocco contiene un timestamp e un hash crittografico del blocco precedente, formando una catena cronologica di blocchi. Questa struttura garantisce l'immutabilità dei dati, in quanto l'alterazione di un blocco richiede la modifica di tutti i blocchi successivi, rendendo la manomissione altamente impraticabile. Inoltre, la blockchain opera su una rete decentralizzata di nodi, in cui ogni partecipante mantiene una copia del libro mastro, assicurando la trasparenza e riducendo il rischio di un singolo punto di guasto o di manipolazione, come nella figura 1.1.

La tecnologia blockchain è diventata famosa soprattutto grazie all'associazione con le criptovalute come il Bitcoin, ma il suo potenziale va ben oltre le valute digitali. La sua natura decentralizzata e resistente alle manomissioni la rende applicabile a diversi settori, dalla finanza alla gestione della catena di approvvigionamento, dalla sanità ai sistemi di voto, rivoluzionando il modo in cui i dati vengono archiviati, verificati e trasferiti nell'era digitale.

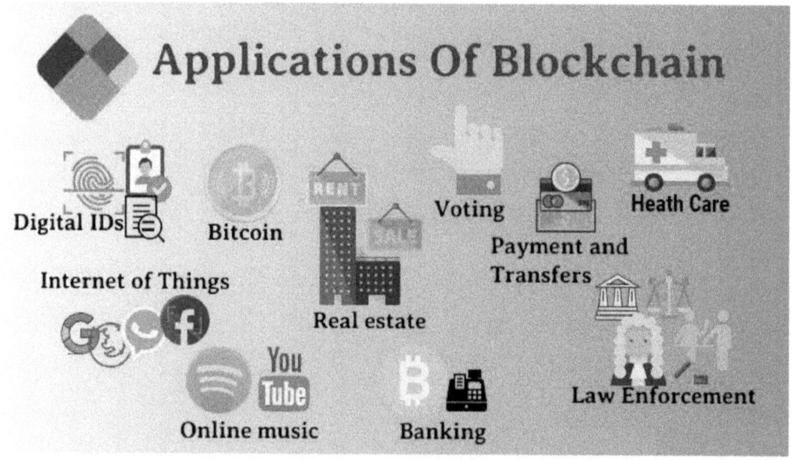

Figura 1.1: Applicazioni della Blockchain

1.2 Contesto storico

Le radici della tecnologia blockchain risalgono a un whitepaper pubblicato nel 2008 da un'entità anonima nota come Satoshi Nakamoto, che ha introdotto Bitcoin, la prima criptovaluta decentralizzata. La visione di Nakamoto era quella di creare un sistema di denaro elettronico peer-to-peer che funzionasse senza la necessità di affidarsi ad autorità centralizzate. L'innovazione della blockchain, come descritto nel whitepaper, consisteva nel risolvere il problema della doppia spesa insito nelle valute digitali utilizzando un libro mastro distribuito gestito da una rete di nodi.

Nel 2009 è stata lanciata la blockchain di Bitcoin, segnando l'inizio di una nuova era nelle transazioni digitali. Nel corso del tempo, la tecnologia blockchain ha raccolto un'attenzione crescente da parte di ricercatori, sviluppatori e aziende, portando alla creazione di criptovalute alternative e all'esplorazione del potenziale della blockchain al di là della finanza. Oggi la blockchain è riconosciuta come una tecnologia fondamentale in grado di sconvolgere diversi settori, offrendo soluzioni per la trasparenza, la sicurezza e l'efficienza in un'ampia gamma di applicazioni che vanno oltre la sua concezione iniziale come sistema di valuta digitale.

1.3 Componenti chiave della Blockchain

approfondiamo i componenti chiave della tecnologia blockchain:

- **Blocchi:** I blocchi sono le unità fondamentali di dati in una blockchain. Ogni blocco contiene un elenco di transazioni che sono state verificate e confermate dalla rete. Queste transazioni possono riguardare il trasferimento di criptovalute come il Bitcoin o qualsiasi altro dato, a seconda dello scopo della blockchain. Ogni blocco include tipicamente un hash crittografico del blocco precedente, creando una catena di blocchi, da cui il termine "blockchain".
- **Decentralizzazione:** La decentralizzazione è un principio fondamentale della tecnologia blockchain. Invece di affidarsi a un'autorità centrale o a un intermediario per convalidare le transazioni, le blockchain sono distribuite su una rete di nodi. Questa architettura decentralizzata garantisce che nessuna singola entità abbia il controllo sulla rete, rendendola più resistente alla censura, alla manomissione o a singoli punti di guasto.
- **Meccanismi di consenso:** I meccanismi di consenso sono protocolli che assicurano che tutti i nodi di una rete blockchain concordino sulla validità delle transazioni e sull'ordine in cui vengono aggiunte alla blockchain. Diverse piattaforme blockchain utilizzano vari meccanismi di consenso, come Proof of

Work (PoW), Proof of Stake (PoS), Delegated Proof of Stake (DPoS) e Practical Byzantine Fault Tolerance (PBFT), ognuno con i propri vantaggi e limiti.

- **Crittografia:** La crittografia svolge un ruolo cruciale nel garantire le transazioni e l'integrità dei dati memorizzati sulla blockchain. La crittografia a chiave pubblica è comunemente utilizzata per creare firme digitali, che autenticano le transazioni e verificano l'identità dei partecipanti. Le funzioni di hash sono utilizzate anche per generare identificatori unici per i blocchi e le transazioni, rendendo virtualmente impossibile alterare i dati senza essere scoperti.
- **Immutabilità:** L'immutabilità si riferisce all'impossibilità di modificare o manomettere i dati una volta registrati sulla blockchain. Poiché ogni blocco contiene un riferimento all'hash del blocco precedente, per alterare una transazione sarebbe necessario modificare anche i blocchi successivi, cosa che diventa sempre più difficile man mano che si aggiungono altri blocchi alla catena. Questa proprietà garantisce l'integrità e l'affidabilità dei dati della blockchain, rendendola adatta ad applicazioni in cui l'integrità dei dati è fondamentale, come le transazioni finanziarie o la gestione della catena di approvvigionamento.

Questi componenti chiave lavorano insieme per creare un sistema sicuro, trasparente e decentralizzato per la registrazione e la verifica delle transazioni, con applicazioni in diversi settori e casi d'uso.

1.4 Decentramento, meccanismi di consenso, crittografia, immutabilità

Analizziamo in dettaglio ciascuno di questi componenti chiave della tecnologia blockchain:

1. **Decentramento:**
   - La decentralizzazione si riferisce alla distribuzione del potere e dell'autorità in una rete di nodi, anziché essere concentrata in un'unica autorità centrale. In una rete blockchain decentralizzata, ogni partecipante (nodo) ha uguali diritti e responsabilità nella manutenzione della rete e nella convalida delle transazioni.
   - La decentralizzazione aumenta la sicurezza e la resilienza eliminando i singoli punti di guasto. Riduce il rischio di censura, manipolazione e controllo non autorizzato.

- Se da un lato la decentralizzazione offre vantaggi significativi, dall'altro pone sfide come la scalabilità, in quanto ogni nodo deve elaborare e memorizzare una copia dell'intera blockchain, con conseguenti potenziali problemi di prestazioni in reti di grandi dimensioni.

2. **Meccanismi di consenso:**

   - I meccanismi di consenso sono protocolli che consentono a tutti i nodi di una rete blockchain di concordare la validità delle transazioni e l'ordine in cui vengono aggiunte alla blockchain.
   - Esistono diversi meccanismi di consenso, ciascuno con un proprio insieme di regole e algoritmi. I meccanismi di consenso più comuni includono la Proof of Work (PoW), la Proof of Stake (PoS), la Delegated Proof of Stake (DPoS), la Practical Byzantine Fault Tolerance (PBFT) e altri ancora.
   - PoW, il meccanismo di consenso originale utilizzato in Bitcoin, richiede ai partecipanti (minatori) di risolvere complessi puzzle matematici per convalidare le transazioni e aggiungere nuovi blocchi alla blockchain. PoS, invece, si affida ai validatori che puntano criptovalute come garanzia per convalidare le transazioni e creare nuovi blocchi, riducendo così il consumo energetico rispetto a PoW.

3. **Crittografia:**

   - La crittografia svolge un ruolo fondamentale nel garantire la sicurezza e la privacy delle transazioni sulla blockchain.
   - La crittografia a chiave pubblica è comunemente utilizzata per creare firme digitali, che autenticano le transazioni e verificano l'identità dei partecipanti senza rivelare informazioni sensibili.
   - Le funzioni di hash vengono utilizzate per generare identificatori univoci (hash) per blocchi e transazioni. Questi hash servono come impronte digitali dei dati, consentendo una verifica efficiente e la resistenza alle manomissioni. Qualsiasi modifica ai dati si tradurrebbe in un hash completamente diverso, avvisando la rete di una potenziale manomissione.

- Tecniche crittografiche avanzate, come le prove a conoscenza zero e la crittografia omomorfa, sono in fase di studio per migliorare la privacy e la sicurezza nelle applicazioni blockchain.

4. **Immutabilità:**

- L'immutabilità si riferisce alla proprietà dei dati della blockchain che, una volta registrati sulla blockchain, non possono essere alterati o cancellati.
- Questa proprietà è ottenuta grazie al collegamento crittografico dei blocchi e al meccanismo di consenso che assicura l'accordo di tutti i partecipanti sulla validità delle transazioni.
- L'immutabilità aumenta la fiducia e la trasparenza nei sistemi blockchain, in quanto gli utenti possono verificare l'integrità dei dati senza affidarsi ad autorità centralizzate.
- Sebbene i dati della blockchain siano immutabili, è essenziale considerare i fattori esterni alla catena, come i processi di governance e i quadri giuridici che possono influire sulla gestione delle controversie o delle correzioni in determinate situazioni.

Questi componenti contribuiscono collettivamente alla sicurezza, alla trasparenza e all'affidabilità della tecnologia blockchain, consentendo le sue diverse applicazioni nei vari settori e casi d'uso.

Capitolo 2: Tipi di blockchain

2.1 Blockchain pubbliche

Le blockchain pubbliche sono reti decentralizzate in cui chiunque può partecipare, visualizzare o interagire con la blockchain senza autorizzazione. Queste blockchain sono aperte e trasparenti e consentono agli utenti di accedere e verificare l'intera cronologia delle transazioni e lo stato attuale della rete. Esempi di blockchain pubbliche sono Bitcoin ed Ethereum, che hanno ottenuto un'adozione e un supporto diffusi per varie applicazioni oltre alle criptovalute, come la finanza decentralizzata (DeFi), i token non fungibili (NFT) e i contratti intelligenti. Le blockchain pubbliche si basano su meccanismi di consenso come Proof of Work (PoW) o Proof of Stake (PoS) per convalidare le transazioni e proteggere la rete, incentivando i partecipanti a contribuire con risorse o a puntare criptovalute in cambio di ricompense.

	Public (eg. Bitcoin)	Private	Consortium/ Permissioned (eg. EHRs)
Network type	Decentralized	Partially decentralized	Partially decentralized - hybrid between public and private blockchains
What is it?	Anyone anywhere in the world can read and write on the network. Data is validated by every participant ("node") in the network, thus making it very secure.	Permissions to read and write data onto the Blockchain are controlled by a single "highly trusted" organisation - the owner of the blockchain.	Permissions to verify, read and write on the blockchain controlled by a few predetermined nodes. The choice of predetermined nodes can be different for every entity on the blockchain.
Benefits	-Secure as the entire network verifies transactions -Transparent as all transactions are made public with individual anonymity	-Efficient as verification is done by just owner of the blockchain -Private as the owner can control who has access to read or write on the blockchain	-Efficient as relatively lesser nodes verify transactions -Private as read and write access can be controlled by the predetermined nodes -No consolidation of controlling power
Challenges	Inefficient as all nodes need to verify the transaction	-Controlling power is consolidated to a single organization -Difficult to align many organizations to use the same blockchain	

Figura 2.1: Confronto tra i diversi tipi di Blockchain

Nonostante la loro apertura e trasparenza, le blockchain pubbliche devono affrontare sfide quali la scalabilità, il consumo energetico e la governance, che vengono affrontate attivamente attraverso sforzi di ricerca e sviluppo per migliorarne l'efficienza e l'utilizzabilità per applicazioni su scala globale.

2.2 Blockchain private

Le blockchain private sono reti di blockchain che operano all'interno di un ecosistema chiuso, dove l'accesso e la partecipazione sono limitati solo alle entità autorizzate. A differenza delle blockchain pubbliche, che sono aperte e decentralizzate, le blockchain private sono in genere controllate da una singola organizzazione o da un consorzio di parti fidate. Ecco un'esplorazione dettagliata delle blockchain private:

- **Controllo dell'accesso:** L'accesso a una blockchain privata è limitato, di solito attraverso permessi o controlli di accesso gestiti dall'amministratore della rete o dai membri del consorzio. I partecipanti devono autenticarsi prima di poter entrare nella rete, garantendo che solo le entità fidate possano interagire con la blockchain.
- **Governance centralizzata:** Le blockchain private hanno spesso strutture di governance centralizzate, in cui un'autorità o un consorzio designato governa le regole e le operazioni della rete. Le decisioni di governance, come le modifiche al protocollo, le regole di convalida delle transazioni o gli aggiornamenti della rete, sono prese per consenso tra le entità partecipanti.
- **Prestazioni e scalabilità:** Le blockchain private offrono in genere prestazioni e scalabilità più elevate rispetto alle blockchain pubbliche, in quanto non devono affrontare l'overhead computazionale e la latenza associati ai meccanismi di consenso decentralizzati. Con un numero inferiore di nodi e un ambiente controllato, le blockchain private possono raggiungere velocità di elaborazione delle transazioni più elevate e commissioni di transazione più basse, rendendole adatte ai casi d'uso aziendali che richiedono un elevato throughput e una bassa latenza.
- **Privacy e riservatezza dei dati:** La privacy e la riservatezza sono fondamentali nelle blockchain private, soprattutto per le imprese che trattano informazioni sensibili o proprietarie. Le blockchain private spesso incorporano funzioni come la crittografia e la compartimentazione dei dati per garantire che i dati sensibili siano accessibili solo alle parti autorizzate, pur sfruttando i vantaggi della tecnologia blockchain per la trasparenza e la verificabilità.
- **Casi d'uso:** Le blockchain private sono adatte alle applicazioni aziendali in cui la privacy dei dati, la conformità alle normative e l'accesso controllato sono requisiti essenziali. I casi d'uso includono la gestione della catena di approvvigionamento, la verifica dell'identità, la tokenizzazione dei beni, l'attestazione dei documenti e

i flussi di lavoro inter-organizzativi, in cui più parti interessate devono collaborare in modo sicuro ed efficiente mantenendo la privacy e l'integrità dei dati.

Esempi: Esempi di piattaforme blockchain private sono Hyperledger Fabric, R3 Corda, Quorum e Binance Smart Chain. Queste piattaforme offrono soluzioni personalizzabili e adatte alle esigenze specifiche delle imprese, fornendo funzionalità come l'accesso autorizzato, le transazioni riservate e la funzionalità di smart contract.

Le blockchain private offrono alle organizzazioni i vantaggi della tecnologia blockchain, come la trasparenza, l'immutabilità e il consenso decentralizzato, risolvendo al contempo i problemi legati alla privacy dei dati, alla governance e alla scalabilità. Sono una soluzione valida per le aziende che vogliono sfruttare la tecnologia blockchain in un ambiente controllato per ottimizzare i processi aziendali e promuovere l'innovazione.

2.3 Blockchain consortili (federate)

Le blockchain consortili, note anche come blockchain federate, sono un modello ibrido che combina elementi di blockchain pubbliche e private. Queste blockchain sono controllate e mantenute da un gruppo di entità o organizzazioni preselezionate, che formano un consorzio o una federazione. Ecco un'esplorazione dettagliata delle blockchain consorziate:

- **Membri e governance:** Le blockchain consortili coinvolgono un gruppo di entità conosciute e fidate, come aziende, agenzie governative o consorzi industriali, che collaborano per gestire la rete blockchain. L'adesione al consorzio è tipicamente permissionata, il che significa che le entità devono essere approvate dai membri esistenti per partecipare alla rete. La governance della blockchain del consorzio è condivisa tra i membri partecipanti, che prendono collettivamente le decisioni riguardanti le operazioni di rete, gli aggiornamenti del protocollo e la risoluzione delle controversie.
- **Meccanismi di consenso: Le** blockchain consortili spesso utilizzano meccanismi di consenso più efficienti e scalabili rispetto alle blockchain pubbliche, poiché non hanno bisogno di ospitare un gran numero di partecipanti anonimi. I meccanismi di consenso utilizzati nelle blockchain consortili possono includere Practical Byzantine Fault Tolerance (PBFT), Delegated Proof of Stake (DPoS) o altre varianti adattate ai requisiti specifici dei membri del consorzio.

- **Privacy e riservatezza dei dati:** La privacy e la riservatezza sono considerazioni critiche nelle blockchain consortili, soprattutto quando si tratta di informazioni sensibili o proprietarie condivise tra i membri del consorzio. Le blockchain consortili implementano funzioni quali transazioni criptate, smart contract riservati e divulgazione selettiva dei dati per garantire che i dati sensibili siano accessibili solo alle parti autorizzate all'interno del consorzio.
- **Casi d'uso:** Le blockchain consortili sono adatte ad applicazioni specifiche del settore in cui più parti interessate devono collaborare e condividere i dati in modo sicuro, mantenendo il controllo sulle operazioni di rete. I casi d'uso includono la tracciabilità della catena di approvvigionamento, i pagamenti transfrontalieri, la gestione dei dati sanitari e la conformità normativa, dove la fiducia e la trasparenza sono essenziali, ma è necessario rispettare la privacy dei dati e i requisiti normativi.

Esempi: Tra gli esempi di piattaforme blockchain consortili vi è l'Hyperledger Consortium, che comprende vari progetti sotto l'ombrello Hyperledger, come Hyperledger Fabric e Hyperledger Besu. Altri esempi sono l'Enterprise Ethereum Alliance (EEA), un consorzio di imprese e fornitori di tecnologia che collaborano per far progredire l'adozione di soluzioni basate su Ethereum negli ambienti aziendali.

Le blockchain consortili offrono una via di mezzo tra le blockchain pubbliche e quelle private, fornendo un ambiente collaborativo e sicuro a entità fidate per condividere dati e condurre transazioni mantenendo il controllo sulla governance della rete e sulla privacy dei dati. Consentono ai consorzi di organizzazioni di sfruttare i vantaggi della tecnologia blockchain per casi d'uso condivisi e applicazioni specifiche del settore, promuovendo la collaborazione, l'innovazione e l'interoperabilità all'interno dell'ecosistema.

2.4 Blockchain ibride

Le blockchain ibride combinano le caratteristiche delle blockchain pubbliche e private, offrendo un approccio flessibile e adattabile alla distribuzione delle blockchain. In una blockchain ibrida, alcuni aspetti della rete sono pubblici, consentendo trasparenza e partecipazione decentralizzata, mentre altri aspetti sono privati, fornendo controllo e riservatezza sui dati sensibili. Questo modello ibrido consente alle organizzazioni di sfruttare i vantaggi delle blockchain pubbliche e private, adattando l'architettura della blockchain ai propri casi d'uso e requisiti specifici. Le blockchain ibride sono particolarmente adatte ai settori e alle applicazioni in cui è necessario un equilibrio tra trasparenza, privacy e controllo, come la gestione della catena di approvvigionamento, lo scambio di dati sanitari o la conformità alle normative. Integrando elementi pubblici e privati, le blockchain ibride offrono una soluzione versatile in grado di adattarsi a diversi casi d'uso e di rispondere alle esigenze e alle sfide uniche dei diversi stakeholder all'interno dell'ecosistema.

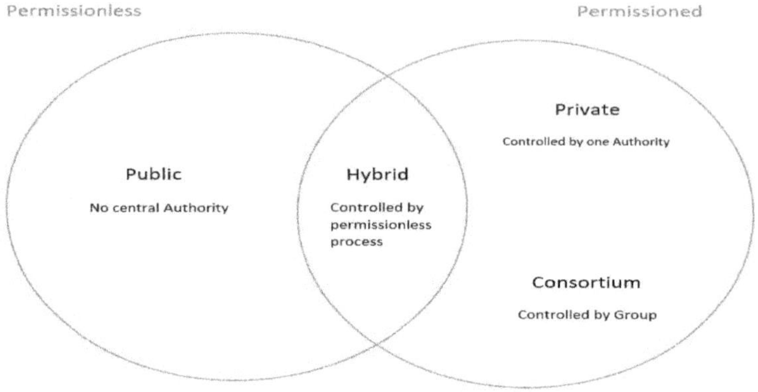

Figura 2.2: Tipi di Blockchain

In conclusione, il variegato panorama della tecnologia blockchain comprende diversi tipi di blockchain, ognuno dei quali serve a scopi distinti e soddisfa casi d'uso diversi. Le blockchain pubbliche, caratterizzate dalla loro natura aperta e decentralizzata, offrono trasparenza, immutabilità e resistenza alla censura, rendendole adatte ad applicazioni come le criptovalute e la finanza decentralizzata. Le blockchain private offrono una maggiore privacy e controllo sull'accesso, rendendole ideali per le applicazioni aziendali, dove la riservatezza e l'accesso autorizzato sono fondamentali. Le blockchain consortili raggiungono un equilibrio tra decentralizzazione e controllo, consentendo a un consorzio di entità fidate di governare congiuntamente la rete, rendendole adatte ai settori che richiedono la collaborazione tra più parti interessate.

Le blockchain ibride combinano le caratteristiche delle blockchain pubbliche e private, offrendo flessibilità e personalizzazione, consentendo alle organizzazioni di sfruttare i vantaggi di entrambi i paradigmi.

Ogni tipo di blockchain ha i suoi punti di forza e di debolezza e la scelta della blockchain dipende dai requisiti specifici dell'applicazione. Con la continua evoluzione della tecnologia blockchain, è essenziale considerare i compromessi e le implicazioni delle diverse architetture blockchain per garantire risultati ottimali agli utenti e alle organizzazioni. Indipendentemente dal tipo, la tecnologia blockchain promette di rivoluzionare i settori, trasformare i processi aziendali e promuovere l'innovazione nell'era digitale.

Capitolo 3: Architettura Blockchain

L'architettura blockchain comprende il quadro strutturale e i componenti che facilitano il funzionamento di una rete blockchain. Nel suo nucleo, l'architettura blockchain consiste in una rete decentralizzata di nodi, ognuno dei quali mantiene una copia del libro mastro distribuito. Questi nodi comunicano attraverso una rete peer-to-peer, facilitando la convalida e la propagazione delle transazioni attraverso la rete. Meccanismi di consenso, come Proof of Work (PoW) o Proof of Stake (PoS), assicurano l'accordo tra i nodi sulla validità delle transazioni e sull'ordine dei blocchi all'interno della blockchain. Inoltre, vengono impiegate funzioni di hash crittografico per garantire l'integrità dei dati e creare collegamenti immutabili tra i blocchi, formando una catena di blocchi resistente alle manomissioni. I contratti intelligenti, un'altra componente integrante dell'architettura blockchain, consentono di stipulare accordi auto-esecutivi con condizioni predefinite, migliorando l'automazione e la programmabilità all'interno della rete, come mostrato nella figura 3.1. Insieme, questi componenti costituiscono le fondamenta dell'architettura blockchain, consentendo fiducia, trasparenza e decentralizzazione nelle transazioni digitali e nella gestione dei dati.

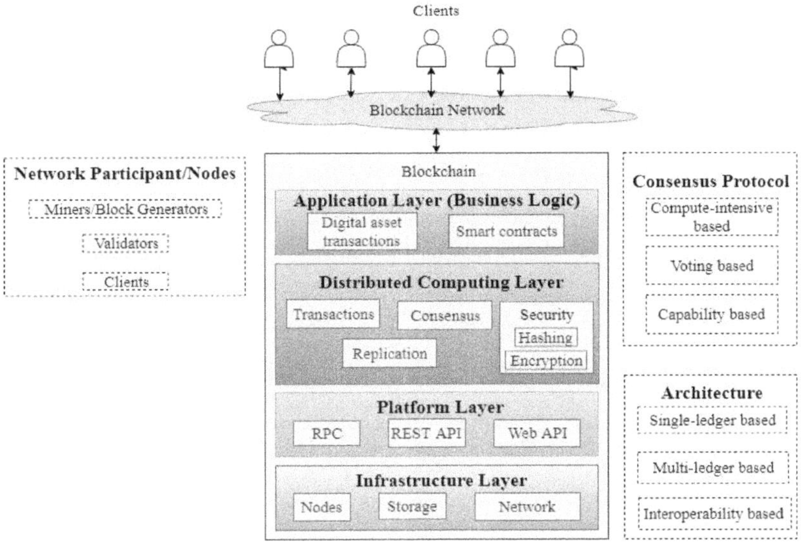

Figura 3.1: Architettura della Blockchain

3.1 Blocchi e transazioni

I blocchi e le transazioni sono componenti fondamentali della tecnologia blockchain e costituiscono la base dei sistemi di registro decentralizzati. Analizziamo in dettaglio ciascuno di questi componenti, come indicato nella figura 3.2:

- **Blocchi:** Un blocco è una struttura di dati contenente un gruppo di transazioni che sono state convalidate e confermate dai partecipanti alla rete. Ogni blocco comprende tipicamente i seguenti elementi:
- **Intestazione del blocco:** Contiene metadati come l'identificatore unico del blocco (hash), il timestamp e il riferimento all'hash del blocco precedente.
- **Elenco di transazioni:** Contiene un gruppo di transazioni avvenute in un arco di tempo specifico. Queste transazioni rappresentano modifiche allo stato della blockchain.
- **Radice dell'albero di Merkle:** Un hash crittografico di tutte le transazioni all'interno del blocco, che facilita la verifica efficiente dell'integrità del blocco. I blocchi sono collegati tra loro in ordine cronologico, formando una catena nota come blockchain. Ogni blocco contiene un riferimento all'hash del blocco precedente, creando un registro delle transazioni immutabile e resistente alle manomissioni.
- **Transazioni:** Una transazione rappresenta il trasferimento di valore o di informazioni da un partecipante a un altro all'interno della rete blockchain. Le transazioni includono tipicamente i seguenti componenti:
- **Ingresso:** Specifica la fonte dei fondi o dei dati da trasferire, come l'indirizzo del mittente o l'output di una transazione precedente.
- **Uscita:** Specifica la destinazione dei fondi o dei dati, come l'indirizzo del destinatario o lo smart contract.
- **Importo:** Indica la quantità di criptovaluta o di dati da trasferire.
- **Firma digitale:** Fornisce una prova crittografica della proprietà e dell'autorizzazione, garantendo l'integrità e la sicurezza della transazione. Le transazioni vengono trasmesse alla rete, dove vengono sottoposte a meccanismi di convalida e consenso per garantirne l'autenticità e la validità. Una volta convalidate, le transazioni vengono raggruppate in blocchi e aggiunte alla blockchain in modo sequenziale e irreversibile, formando una cronologia completa e verificabile delle transazioni.

Blocchi e transazioni lavorano insieme per consentire transazioni sicure, trasparenti e decentralizzate all'interno delle reti blockchain. Organizzando le transazioni in blocchi e collegandole tra loro in una catena, la tecnologia blockchain fornisce una registrazione delle transazioni resistente alle manomissioni e verificabile, facilitando la fiducia e la responsabilità tra i partecipanti alla rete.

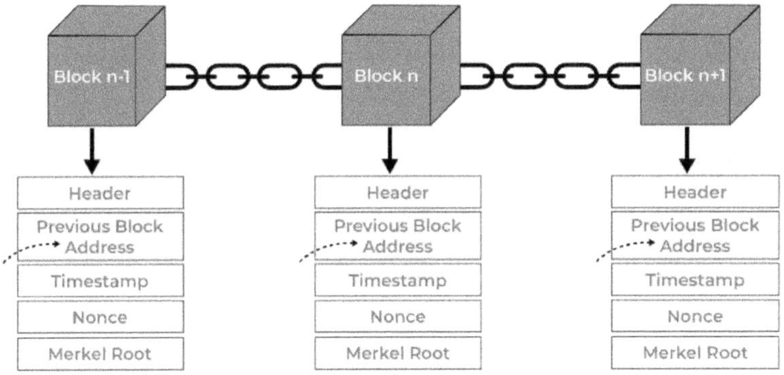

Fig 3.2: Interconnessioni di blocchi in una blockchain

3.2 Tecnologia a libro mastro distribuito (DLT)

La Distributed Ledger Technology (DLT) è un'architettura di database decentralizzato che consente a più partecipanti di condividere e sincronizzare i dati su una rete di nodi. A differenza dei tradizionali database centralizzati, dove i dati sono archiviati e gestiti da un'unica autorità, la DLT distribuisce copie del libro mastro a tutti i partecipanti alla rete, consentendo loro di convalidare e registrare le transazioni in modo indipendente. Questo approccio distribuito migliora la trasparenza, la sicurezza e la resilienza, eliminando i singoli punti di guasto e riducendo il rischio di manipolazione o censura dei dati.

La DLT comprende vari sistemi basati su blockchain e non, tra cui blockchain pubbliche come Bitcoin ed Ethereum, blockchain private e consortili, nonché modelli alternativi di libro mastro distribuito come i grafi aciclici diretti (DAG) e gli Hash graph. Queste piattaforme DLT sfruttano meccanismi di consenso, tecniche crittografiche e protocolli di rete per ottenere consenso, immutabilità e fiducia tra i partecipanti, consentendo un'ampia gamma di applicazioni in settori quali la finanza, la gestione della catena di approvvigionamento, la sanità e altri ancora.

Le caratteristiche principali della DLT sono la decentralizzazione, in cui il controllo e l'autorità sono distribuiti tra i partecipanti alla rete; la trasparenza, che consente di registrare pubblicamente tutte le transazioni e di renderle verificabili; l'immutabilità, che garantisce che una volta registrati, i dati non possano essere alterati o cancellati senza consenso; e l'efficienza, che consente un'elaborazione delle transazioni più rapida ed economica rispetto ai tradizionali sistemi centralizzati. Nel complesso, la DLT rappresenta un cambiamento di paradigma nella gestione dei dati e nell'elaborazione delle transazioni, offrendo nuove opportunità per l'innovazione, la collaborazione e l'innovazione nell'economia digitale.

3.3 Contratti intelligenti

I contratti intelligenti sono contratti autoesecutivi con regole e condizioni predefinite codificate su una blockchain. Questi contratti eseguono e applicano automaticamente i termini di un accordo quando vengono soddisfatte le condizioni specificate, senza la necessità di intermediari o interventi manuali. I contratti intelligenti sono una caratteristica fondamentale della tecnologia blockchain, che consente di automatizzare processi, transazioni e accordi in modo decentralizzato e senza fiducia.

Le caratteristiche principali dei contratti intelligenti includono:

1. **Autonomia**: I contratti intelligenti operano autonomamente una volta distribuiti sulla blockchain, eseguendo istruzioni predefinite senza l'intervento umano.
2. **Assenza di fiducia**: I contratti intelligenti si basano su algoritmi crittografici e meccanismi di consenso per garantire fiducia e trasparenza, eliminando la necessità di affidarsi a intermediari o terze parti.
3. **Immutabili**: Una volta distribuiti sulla blockchain, i contratti intelligenti sono immutabili e a prova di manomissione, il che significa che il loro codice e la loro esecuzione non possono essere alterati o manipolati.
4. **Trasparenza**: I contratti intelligenti sono visibili pubblicamente sulla blockchain, consentendo a tutti i partecipanti di ispezionare il loro codice, la logica di esecuzione e la cronologia delle transazioni.
5. **Decentralizzazione**: I contratti intelligenti operano su reti blockchain decentralizzate, garantendo resilienza, resistenza alla censura e nessun singolo punto di guasto.

I contratti intelligenti hanno un'ampia gamma di applicazioni in vari settori, tra cui:

- **Finanza**: Facilitare i prestiti peer-to-peer, gli scambi decentralizzati, la gestione automatizzata degli investimenti e la tokenizzazione degli asset.
- **Gestione della catena di approvvigionamento**: Gestione e automazione dei processi della catena di approvvigionamento, come la tracciabilità dell'origine e del movimento delle merci, la verifica dell'autenticità dei prodotti e l'esecuzione di contratti intelligenti per i pagamenti e la logistica automatizzati.
- **Legale e governance**: Automatizzazione di accordi legali, testamenti e servizi di escrow, nonché implementazione di organizzazioni autonome decentralizzate (DAO) con regole di governance trasparenti e programmabili.
- **Sanità**: Gestire le cartelle cliniche dei pazienti in modo sicuro, facilitare la fatturazione medica e l'elaborazione delle richieste di rimborso assicurativo e garantire l'interoperabilità dei dati tra i fornitori di servizi sanitari.

Nel complesso, i contratti intelligenti rivoluzionano i processi tradizionali di contrattazione e transazione, consentendo l'esecuzione sicura, efficiente e automatizzata di accordi in un ambiente decentralizzato e privo di fiducia.

3.4 Nodi e reti Peer-to-Peer

I nodi e le reti peer-to-peer (P2P) sono componenti essenziali della tecnologia blockchain e svolgono un ruolo fondamentale nel mantenere la natura decentralizzata delle reti blockchain. Ecco una spiegazione dettagliata dei nodi e delle reti P2P:

1. **Nodi**:
    - I nodi sono dispositivi individuali, come computer o server, che partecipano a una rete blockchain. Ogni nodo mantiene una copia dell'intero libro mastro della blockchain e verifica e convalida le transazioni in modo indipendente.
    - I nodi svolgono diverse funzioni all'interno della rete blockchain, tra cui:
        - Memorizzazione di una copia del libro mastro della blockchain: I nodi memorizzano un registro completo di tutte le transazioni e i blocchi sulla blockchain, garantendo la ridondanza dei dati e la tolleranza agli errori.

- Convalida delle transazioni: I nodi verificano l'autenticità e la validità delle transazioni confrontandole con regole di consenso e algoritmi crittografici predefiniti.
- Propagazione di transazioni e blocchi: I nodi trasmettono nuove transazioni e blocchi ad altri nodi della rete, facilitando la sincronizzazione e la propagazione dei dati attraverso la rete.
- Partecipazione ai meccanismi di consenso: I nodi partecipano al processo di consenso per concordare l'ordine e la convalida delle transazioni, garantendo il consenso e la coerenza in tutta la rete.

2. **Reti Peer-to-Peer (P2P)**:

- Le reti blockchain funzionano come reti decentralizzate peer-to-peer (P2P), in cui i nodi comunicano e interagiscono direttamente tra loro senza bisogno di intermediari o server centrali.
- In una rete P2P, ogni nodo è sia client che server, in grado di inviare e ricevere dati da altri nodi della rete.
- Le reti P2P facilitano la distribuzione e la propagazione delle transazioni e dei blocchi attraverso la rete, garantendo la sincronizzazione e la coerenza dei dati tra tutti i nodi partecipanti.
- Le reti P2P offrono diversi vantaggi, tra cui la resistenza ai guasti della rete e alla censura, la scalabilità e una maggiore efficienza della rete grazie alla riduzione della dipendenza dai server centralizzati.
- Esempi di protocolli P2P comunemente utilizzati nelle reti blockchain sono il protocollo Peer-to-Peer di Bitcoin (BTC P2P) e il protocollo Ethereum Wire di Ethereum (ETH Wire Protocol).

I nodi e le reti P2P costituiscono la spina dorsale della tecnologia blockchain, consentendo la decentralizzazione, l'assenza di fiducia e la resilienza delle reti blockchain. Distribuendo i dati e l'elaborazione su una rete di nodi, le reti blockchain raggiungono il consenso e mantengono un registro sicuro e trasparente delle transazioni senza la necessità di autorità centrali o intermediari.

Capitolo 4: Piattaforme Blockchain

Le piattaforme blockchain fungono da infrastruttura di base per lo sviluppo di applicazioni decentralizzate (DApp) e per l'implementazione di soluzioni blockchain in vari settori. Queste piattaforme offrono una serie di funzionalità, tra cui meccanismi di consenso, funzionalità di smart contract e soluzioni di scalabilità, che rispondono a diversi casi d'uso e requisiti. Esempi di piattaforme blockchain di primo piano sono Ethereum, nota per le sue solide funzionalità di smart contract e per l'ampio ecosistema di sviluppatori; Hyperledger Fabric, che offre soluzioni di livello aziendale con architettura modulare e reti autorizzate; e Corda, progettata per i settori che richiedono privacy, scalabilità e interoperabilità, come la finanza e la sanità. Ogni piattaforma ha i suoi punti di forza e le sue peculiarità, consentendo agli sviluppatori e alle imprese di sfruttare la tecnologia blockchain per l'innovazione, l'efficienza e la fiducia nelle transazioni digitali e nella gestione dei dati, come illustrato nella figura 4.1.

Summary of Features of top 5 Blockchain Platforms for Enterprises

	Ethereum	Hyperledger Fabric	R3 Corda	Ripple	Quorum
Industry-focus	Cross-industry	Cross-industry	Financial Services	Financial Services	Cross-industry
Governance	Ethereum developers	Linux Foundation	R3 Consortium	Ripple Labs	Ethereum developers & JP Morgan Chase
Ledger type	Permissionless	Permissioned	Permissioned	Permissioned	Permissioned
Cryptocurrency	Ether (ETH)	None	None	Ripple (XRP)	None
% providers with experience[1]	93%	93%	60%	33%	27%
% share of engagements[2]	52%	12%	13%	4%	10%
Coin Market Cap[3]	$91.5 B (18%)	Not applicable	Not Applicable	$43.9 B (9%)	Not Applicable
Consensus algorithm	Proof of Work (PoW)	Pluggable framework	Pluggable framework	Probabilistic voting	Majority voting
Smart contract functionality	Yes	Yes	Yes	No	Yes

1. *Based on responses from 15 leading blockchain service providers*
2. *Based on a random sample of set of 50 enterprise blockchain engagements across multiple industries*
3. *Coinmarketcap.com as of Feb 20, 2018, 6:20 PM UTC*

Source: HfS Research, 2018

Fig 4.1: Piattaforme blockchain per le imprese

4.1 Ethereum

Ethereum è una piattaforma blockchain decentralizzata famosa per i suoi contratti intelligenti programmabili e le applicazioni decentralizzate (DApp). Fondata da Vitalik

Buterin nel 2015, Ethereum ha introdotto un concetto innovativo che ha esteso la tecnologia blockchain oltre le semplici transazioni, consentendo agli sviluppatori di costruire e distribuire applicazioni decentralizzate complesse.

Le caratteristiche principali di Ethereum includono:

- **Contratti intelligenti:** Ethereum è stato il pioniere del concetto di contratti intelligenti, che sono contratti auto-esecutivi con regole predefinite codificate sulla blockchain. Questi contratti vengono eseguiti automaticamente quando vengono soddisfatte le condizioni specificate, senza bisogno di intermediari.
- **Macchina virtuale di Ethereum (EVM):** La Ethereum Virtual Machine è l'ambiente di runtime per l'esecuzione di contratti intelligenti sulla rete Ethereum. Fornisce un ambiente sandboxed in cui i contratti intelligenti possono essere eseguiti in modo sicuro e deterministico su tutti i nodi Ethereum.
- **Applicazioni decentralizzate (DApps):** Ethereum consente agli sviluppatori di creare applicazioni decentralizzate (DApps) che sfruttano i contratti intelligenti per implementare varie funzionalità, come la finanza decentralizzata (DeFi), i token non fungibili (NFT), gli scambi decentralizzati (DEX) e altro ancora.
- **Meccanismo di consenso:** Inizialmente Ethereum utilizzava il meccanismo di consenso Proof of Work (PoW), simile a quello di Bitcoin, per convalidare e proteggere le transazioni. Tuttavia, con Ethereum 2.0 si è passati a Proof of Stake (PoS), con l'obiettivo di migliorare la scalabilità, l'efficienza energetica e la sicurezza della rete.
- **Ether (ETH): L'**Ether è la criptovaluta nativa della rete Ethereum, utilizzata per pagare le commissioni di transazione e incentivare i validatori della rete (minatori o validatori) nei meccanismi di consenso PoW e PoS, rispettivamente.
- **Proposte di miglioramento di Ethereum (EIP):** Le proposte di miglioramento di Ethereum sono standard e linee guida proposte dalla comunità di Ethereum per aggiornamenti e miglioramenti del protocollo. Le EIP guidano l'evoluzione della piattaforma e dell'ecosistema Ethereum, affrontando problemi di scalabilità, sicurezza e usabilità.

Ethereum è emersa come piattaforma blockchain leader, facilitando l'innovazione e la sperimentazione nella finanza decentralizzata, nell'identità digitale, nella gestione della catena di approvvigionamento, nel gioco e altro ancora. La sua vivace comunità di sviluppatori, l'ampio ecosistema di DApp e token e i continui aggiornamenti del protocollo fanno di Ethereum un'infrastruttura fondamentale per il web decentralizzato (Web3.0) e per il futuro della finanza e del commercio.

4.2 Hyperledger

Hyperledger è uno sforzo collaborativo open-source creato per far progredire le tecnologie blockchain intersettoriali. È ospitato dalla Linux Foundation e comprende vari framework, strumenti e librerie per blockchain di livello aziendale. A differenza delle blockchain pubbliche come Bitcoin ed Ethereum, Hyperledger si concentra su reti blockchain private e autorizzate, offrendo caratteristiche quali scalabilità, riservatezza e interoperabilità. Ecco una panoramica di Hyperledger:

- **Hyperledger Fabric:** Fabric è uno dei progetti più importanti nell'ambito di Hyperledger. Si tratta di un framework blockchain permissioned progettato per casi d'uso aziendali, che offre un'architettura modulare che consente alle organizzazioni di personalizzare i meccanismi di consenso, i servizi di adesione e l'esecuzione di smart contract. Fabric supporta canali privati, consentendo transazioni riservate tra partecipanti alla rete selezionati, rendendolo adatto a settori come la finanza, la gestione della catena di approvvigionamento e la sanità.
- **Hyperledger Besu:** Besu è un client Ethereum sviluppato sotto l'ombrello Hyperledger, che consente alle imprese di distribuire e gestire reti basate su Ethereum. Supporta configurazioni di rete pubbliche e private, interoperabilità con altre reti basate su Ethereum e funzionalità di livello aziendale come permissioning, privacy e scalabilità.
- **Hyperledger Sawtooth:** Sawtooth è una piattaforma blockchain modulare progettata per costruire, distribuire e gestire i libri mastri distribuiti. È dotata di un meccanismo di consenso unico chiamato Proof of Elapsed Time (PoET) e supporta contratti intelligenti scritti in vari linguaggi di programmazione. Sawtooth è adatta a casi d'uso come la gestione della catena di approvvigionamento, la gestione delle identità e la provenienza dei dati.
- **Hyperledger Indy:** Indy è una piattaforma di identità decentralizzata progettata per gestire identità digitali e credenziali verificabili. Fornisce strumenti e librerie per la costruzione di soluzioni di identità auto-sovrane, consentendo agli utenti di controllare le proprie informazioni sull'identità e di interagire in modo sicuro con i fornitori di servizi.

- **Hyperledger Iroha:** Iroha è una piattaforma blockchain modulare ottimizzata per applicazioni mobili e web. È caratterizzata da un'architettura semplice e facile da sviluppare, che la rende adatta a casi d'uso come i programmi di fidelizzazione, il monitoraggio della catena di approvvigionamento e la gestione delle risorse digitali.

Hyperledger offre una gamma diversificata di framework e strumenti blockchain, in grado di soddisfare i vari requisiti e casi d'uso aziendali. La sua natura collaborativa e open-source promuove l'innovazione, l'interoperabilità e la standardizzazione nello spazio blockchain, favorendo l'adozione e lo sviluppo di soluzioni blockchain di livello aziendale.

4.3 Corda

Corda è una piattaforma di distributed ledger sviluppata da R3, progettata specificamente per la creazione di soluzioni blockchain aziendali. Il suo scopo è quello di soddisfare le esigenze specifiche di settori quali la finanza, la sanità, la catena di approvvigionamento e altri ancora, fornendo una piattaforma per applicazioni decentralizzate (DApp) sicure e scalabili. Ecco una panoramica di Corda:

Privacy e scalabilità: Corda dà priorità alla privacy e alla scalabilità, consentendo alle aziende di effettuare transazioni direttamente tra loro mantenendo la riservatezza sui dati sensibili. Ciò è possibile grazie al suo esclusivo meccanismo di consenso, chiamato servizio Notary, che garantisce la validità delle transazioni senza richiedere che tutti i partecipanti alla rete vedano ogni transazione.

Interoperabilità: Corda è interoperabile con altri sistemi e reti, consentendo una perfetta integrazione con l'infrastruttura aziendale esistente e i sistemi legacy. Supporta l'interoperabilità grazie alle sue API aperte e alla compatibilità con gli standard di settore, facilitando lo scambio di dati e l'interoperabilità tra piattaforme diverse.

Capacità dei contratti intelligenti: Corda supporta l'esecuzione di contratti intelligenti, denominati "CorDapps" (Corda Distributed Applications). Le CorDapp sono scritte in Kotlin, Java o altri linguaggi compatibili con la JVM, consentendo agli sviluppatori di utilizzare strumenti e librerie già noti. L'architettura dei contratti intelligenti di Corda enfatizza il determinismo e la verificabilità, garantendo un'esecuzione prevedibile e sicura della logica contrattuale.

Funzionalità di livello aziendale: Corda offre diverse funzionalità di livello aziendale, tra cui la gestione delle identità, la privacy dei dati e la conformità legale. Fornisce strumenti per gestire le identità digitali, garantire la conformità alle normative e applicare le regole e gli accordi aziendali.

Casi d'uso: Corda è adatto a un'ampia gamma di casi d'uso nei vari settori, tra cui finanza commerciale, mercati dei capitali, assicurazioni, sanità, gestione della catena di approvvigionamento e altro ancora. La sua architettura flessibile e modulare consente alle aziende di adattare le soluzioni basate su Corda alle loro specifiche esigenze, che si tratti di ottimizzare i processi di finanza commerciale, snellire le richieste di risarcimento delle assicurazioni o migliorare la gestione dei dati sanitari.

Nel complesso, Corda offre una piattaforma robusta e flessibile per lo sviluppo e l'implementazione di soluzioni blockchain di livello aziendale. La sua attenzione alla privacy, alla scalabilità e all'interoperabilità, unita al supporto per gli smart contract e alle funzionalità aziendali, ne fanno una scelta privilegiata per le organizzazioni che cercano di sfruttare i vantaggi della tecnologia blockchain per le loro operazioni aziendali e le iniziative di trasformazione digitale.

4.4 EOS

EOS.IO è una piattaforma blockchain progettata per supportare applicazioni decentralizzate (DApp) su scala. Sviluppata da Block.one, EOS.IO mira a fornire un'infrastruttura ad alte prestazioni per le DApp con caratteristiche quali l'elaborazione rapida delle transazioni, la scalabilità e la flessibilità. La piattaforma utilizza un meccanismo di consenso DPoS (delegated proof-of-stake), in cui 21 produttori di blocchi sono eletti dai titolari di token per convalidare le transazioni e produrre blocchi. L'architettura di EOS.IO consente l'esecuzione parallela di contratti intelligenti, permettendo un elevato throughput e una bassa latenza, rendendola adatta ad applicazioni che richiedono un elevato throughput di transazioni, come i giochi, i social media e la finanza decentralizzata (DeFi). Inoltre, EOS.IO fornisce strumenti, risorse e documentazione di facile utilizzo per gli sviluppatori per supportare la creazione e l'implementazione di DApp sulla piattaforma, promuovendo l'innovazione e la crescita all'interno dell'ecosistema EOS.IO.

4.5 Stellare

Stellar è una piattaforma blockchain open-source progettata per i pagamenti transfrontalieri e la tokenizzazione degli asset. Fondata da Jed McCaleb nel 2014, Stellar mira a facilitare transazioni veloci, a basso costo e affidabili, in particolare per gli individui e le istituzioni nelle regioni poco servite. La criptovaluta nativa di Stellar, Lumens (XLM), funge da asset ponte per facilitare le transazioni transfrontaliere e consentire lo scambio di asset senza soluzione di continuità sulla rete.

Una delle caratteristiche principali di Stellar è il suo protocollo di consenso, lo Stellar Consensus Protocol (SCP), che consente un accordo decentralizzato tra i nodi mantenendo l'integrità della rete. L'SCP consente tempi di regolamento rapidi (di solito entro 3-5 secondi) e basse commissioni di transazione, rendendo Stellar una piattaforma ideale per micropagamenti e rimesse.

Stellar offre anche funzioni integrate per l'emissione di token, consentendo agli utenti di creare e tokenizzare vari asset, come valute, materie prime e titoli. Questa caratteristica ha portato alla nascita di diversi progetti che utilizzano Stellar per la tokenizzazione di asset, tra cui le stablecoin e le piattaforme di titoli digitali. Nel complesso, l'attenzione di Stellar per l'interoperabilità, la scalabilità e l'inclusività finanziaria la posiziona come una piattaforma promettente per facilitare i pagamenti globali e consentire la tokenizzazione degli asset.

4.6 Ondulazione

Ripple è un protocollo di pagamento basato su blockchain e una rete di valute digitali progettata per facilitare transazioni transfrontaliere veloci e a basso costo. Fondata nel 2012 da Chris Larsen e Jed McCaleb, Ripple mira a rivoluzionare il tradizionale sistema di pagamenti globale fornendo una piattaforma decentralizzata per le istituzioni finanziarie per trasferire valore in tempo reale. La rete Ripple utilizza il suo asset digitale nativo, XRP, come valuta ponte per facilitare la liquidità e semplificare i regolamenti transfrontalieri. Una delle innovazioni principali di Ripple è il suo algoritmo di consenso, il Ripple Protocol Consensus Algorithm (RPCA), che consente tempi rapidi di conferma delle transazioni (in genere entro 3-5 secondi) e basse commissioni di transazione. Questo meccanismo di consenso consente un accordo decentralizzato tra i partecipanti alla rete, mantenendo al contempo l'integrità e la sicurezza della rete. La suite di prodotti Ripple, tra cui RippleNet e On-Demand Liquidity (ODL), fornisce agli istituti finanziari l'infrastruttura e gli strumenti per facilitare i pagamenti transfrontalieri istantanei ed economici. Sfruttando la tecnologia blockchain e gli asset digitali, Ripple mira a risolvere le inefficienze e le sfide del tradizionale sistema bancario di corrispondenza, consentendo in ultima analisi pagamenti globali più veloci, più convenienti e più accessibili.

Capitolo 5: Casi d'uso e applicazioni

La tecnologia blockchain ha rivoluzionato numerosi settori offrendo soluzioni decentralizzate, trasparenti e sicure a problemi tradizionali. Le sue applicazioni spaziano tra finanza, supply chain, sanità, immobiliare, sistemi di voto, verifica dell'identità e altro ancora. Fornendo record immutabili, contratti intelligenti e piattaforme decentralizzate, la blockchain ha permesso innovazioni come le criptovalute, la finanza decentralizzata (DeFi), i token non fungibili (NFT), la trasparenza della catena di approvvigionamento e la gestione dell'identità digitale, come illustrato nella Fig. 5.1. Queste applicazioni hanno il potenziale per snellire i processi, ridurre i costi, migliorare la sicurezza e promuovere la fiducia tra i partecipanti. Con la continua evoluzione della tecnologia, si prevede che l'impatto della blockchain su vari settori crescerà in modo significativo, favorendo l'adozione e l'innovazione negli anni a venire.

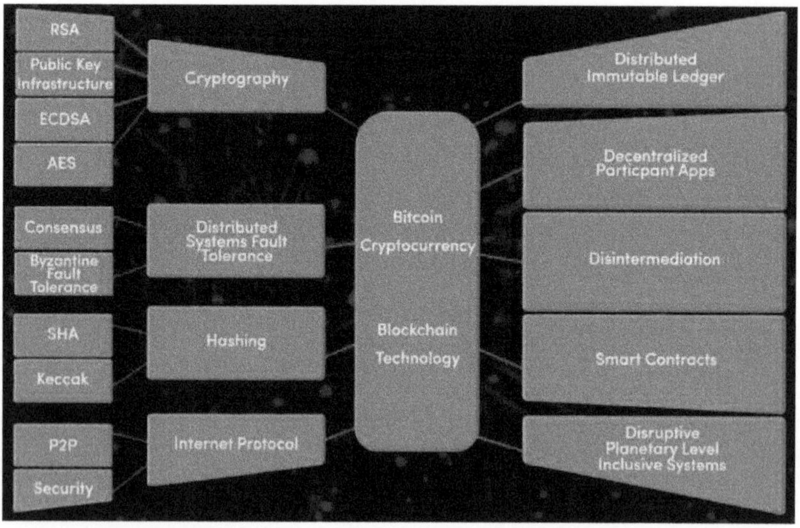

Fig 5.1: Casi d'uso della tecnologia blockchain

5.1 Criptovalute (Bitcoin, Ethereum, ecc.)

Le criptovalute, tra cui Bitcoin, Ethereum e altre, rappresentano una delle applicazioni più importanti della tecnologia blockchain. Il Bitcoin, introdotto nel 2009 da un'entità anonima nota come Satoshi Nakamoto, è stata la prima criptovaluta e rimane la più conosciuta e utilizzata. Opera su una rete decentralizzata di nodi, utilizzando il consenso Proof of Work (PoW) per convalidare e proteggere le transazioni. Il Bitcoin funge principalmente da valuta digitale, consentendo transazioni peer-to-peer senza la necessità di intermediari e fungendo anche da riserva di valore grazie alla sua offerta limitata e alla sua natura deflazionistica.

Ethereum, lanciato nel 2015 da Vitalik Buterin, ha introdotto il concetto di contratti intelligenti, che sono accordi auto-esecutivi con regole predefinite codificate sulla blockchain. La criptovaluta nativa di Ethereum, l'Ether (ETH), alimenta la rete e serve come mezzo di pagamento per le commissioni di transazione e per l'esecuzione dei contratti intelligenti. La piattaforma di Ethereum consente agli sviluppatori di creare applicazioni decentralizzate (DApp) per vari casi d'uso, tra cui la finanza decentralizzata (DeFi), i token non fungibili (NFT), gli scambi decentralizzati (DEX) e altro ancora, sfruttando le sue capacità programmabili della blockchain.

Le criptovalute hanno ottenuto un'adozione e un'accettazione diffuse: oggi esistono migliaia di criptovalute diverse, ognuna delle quali serve a scopi e casi d'uso diversi. Hanno rivoluzionato il panorama finanziario fornendo alternative alle tradizionali valute fiat e consentendo nuove forme di scambio di valore digitale, opportunità di investimento e innovazione finanziaria. Tuttavia, il mercato delle criptovalute è anche caratterizzato da volatilità, sfide normative e problemi di scalabilità, che continuano a essere affrontati man mano che la tecnologia matura e si evolve.

5.2 Gestione della catena di fornitura

La tecnologia blockchain ha trasformato la gestione della catena di approvvigionamento fornendo trasparenza, tracciabilità ed efficienza lungo l'intero processo della catena di approvvigionamento. Consente alle parti interessate di tracciare il percorso dei prodotti dal punto di origine al consumatore finale in modo sicuro e immutabile. Sfruttando il libro mastro decentralizzato, i contratti intelligenti e le caratteristiche di sicurezza crittografica della blockchain, i partecipanti alla catena di approvvigionamento possono ottenere i seguenti vantaggi:

- **Trasparenza e tracciabilità:** La blockchain consente di tracciare in modo trasparente e in tempo reale i prodotti in ogni fase della catena di fornitura. Ogni transazione viene registrata sulla blockchain, fornendo una traccia di controllo immutabile che garantisce l'autenticità e l'integrità dei dati. Questa trasparenza consente alle parti interessate di individuare le inefficienze, rilevare le attività fraudolente e ridurre i rischi come la contraffazione, il furto e il ritiro dei prodotti.

- **Maggiore efficienza e riduzione dei costi:** La blockchain snellisce i processi della supply chain automatizzando le attività manuali, riducendo la documentazione cartacea ed eliminando gli intermediari. I contratti intelligenti consentono l'esecuzione automatica di accordi e transazioni in base a condizioni predefinite, come termini di pagamento, programmi di consegna e standard di qualità. Questa automazione riduce le spese amministrative, accelera il regolamento delle transazioni e riduce al minimo gli errori, consentendo di risparmiare sui costi e di aumentare l'efficienza operativa.
- **Maggiore fiducia e collaborazione:** Blockchain favorisce la fiducia e la collaborazione tra i partecipanti alla catena di fornitura, fornendo un registro delle transazioni condiviso e a prova di manomissione. Con dati trasparenti e verificabili, le parti interessate possono costruire relazioni basate sulla fiducia, verificare l'autenticità di prodotti e documenti e collaborare in modo più efficace con fornitori, produttori, distributori e clienti. Questa trasparenza incoraggia anche pratiche etiche e sostenibili, come il commercio equo e solidale, l'approvvigionamento responsabile e la gestione ambientale.
- **Gestione del rischio e conformità:** Blockchain consente una migliore gestione del rischio e della conformità, assicurando la conformità normativa, verificando l'autenticità di certificazioni e licenze e riducendo il rischio di frodi e merci contraffatte. I contratti intelligenti possono imporre la conformità agli obblighi contrattuali, ai requisiti normativi e agli standard di settore, riducendo la probabilità di controversie e problemi legali.

Nel complesso, la tecnologia blockchain offre soluzioni trasformative per la gestione della catena di fornitura, consentendo alle parti interessate di creare catene di fornitura più trasparenti, efficienti e resilienti. Sfruttando le capacità della blockchain, le organizzazioni possono ottenere maggiore visibilità, fiducia ed efficienza nelle loro reti di supply chain, con conseguente miglioramento della soddisfazione dei clienti, riduzione dei costi e maggiore competitività nel mercato globale.

5.3 Assistenza sanitaria

La tecnologia blockchain ha un immenso potenziale per rivoluzionare il settore sanitario, affrontando sfide fondamentali come l'interoperabilità dei dati, la privacy dei pazienti, la sicurezza dei dati e la gestione della catena di fornitura medica. Ecco come la blockchain può essere applicata all'assistenza sanitaria:

Cartelle cliniche interoperabili: La blockchain può facilitare la creazione di cartelle cliniche elettroniche (EHR) interoperabili, fornendo una piattaforma sicura e decentralizzata per l'archiviazione e la condivisione dei dati dei pazienti tra gli operatori sanitari. Utilizzando EHR basati su blockchain, i pazienti possono disporre di una documentazione completa e a prova di manomissione della loro storia medica, a cui è possibile accedere in modo sicuro e che può essere condivisa con gli operatori sanitari autorizzati, se necessario.

Privacy e sicurezza dei dati del paziente: La tecnologia blockchain consente ai pazienti di avere un maggiore controllo sui propri dati sanitari personali, memorizzandoli su una rete decentralizzata con controlli di accesso crittografati. I pazienti possono autorizzare l'accesso ai loro dati da parte di specifici operatori sanitari o ricercatori, garantendo la privacy e consentendo al contempo la condivisione dei dati a fini di ricerca e trattamento. Inoltre, le caratteristiche di sicurezza crittografica della blockchain proteggono i dati dei pazienti da accessi non autorizzati e manomissioni.

Gestione della catena di fornitura medica: La blockchain può migliorare la trasparenza e l'efficienza delle catene di fornitura mediche consentendo la tracciabilità end-to-end di farmaci, dispositivi medici e forniture. Registrando ogni transazione su un libro mastro blockchain, le parti interessate possono verificare l'autenticità, la provenienza e la qualità dei prodotti medici, riducendo il rischio di farmaci contraffatti, di interruzioni della catena di fornitura e di errori terapeutici.

Sperimentazioni cliniche e ricerca: La tecnologia blockchain può semplificare il processo di conduzione di studi clinici e ricerche, fornendo una piattaforma sicura e trasparente per la raccolta, l'archiviazione e l'analisi dei dati. I contratti intelligenti possono automatizzare aspetti dei protocolli di sperimentazione clinica, come il reclutamento dei pazienti, il consenso informato e la raccolta dei dati, garantendo al contempo la conformità ai requisiti normativi e agli standard etici.

Pagamenti e assicurazioni sanitarie: Le criptovalute e i contratti intelligenti basati sulla blockchain possono facilitare pagamenti sanitari trasparenti e senza interruzioni, consentendo un'elaborazione più rapida delle richieste di rimborso, una riduzione dei costi amministrativi e una migliore individuazione delle frodi. Automatizzando gli accordi di pagamento e i processi di aggiudicazione, la tecnologia blockchain può snellire le transazioni tra fornitori di servizi sanitari, assicuratori e pazienti, portando a una maggiore efficienza e a risparmi sui costi.

Nel complesso, la tecnologia blockchain ha il potenziale per trasformare il settore sanitario migliorando la gestione dei dati, aumentando la privacy e la sicurezza dei pazienti, ottimizzando le operazioni della catena di approvvigionamento, facilitando la ricerca medica e rivoluzionando i sistemi di pagamento. Man mano che la tecnologia continua a maturare e ad essere adottata, le soluzioni basate sulla blockchain sono pronte a guidare l'innovazione e il cambiamento positivo nella fornitura di assistenza sanitaria e nei risultati dei pazienti.

5.4 Finanza e banche

La tecnologia blockchain ha avuto un impatto significativo sul settore finanziario e bancario, introducendo soluzioni decentralizzate, trasparenti e sicure ai servizi finanziari tradizionali. Una delle applicazioni più importanti della blockchain in ambito finanziario è rappresentata dalle criptovalute, come Bitcoin ed Ethereum, che forniscono forme alternative di valuta digitale e consentono transazioni peer-to-peer senza la necessità di intermediari. Queste criptovalute operano su reti blockchain decentralizzate, offrendo costi di transazione inferiori, tempi di regolamento più rapidi e maggiore sicurezza rispetto ai sistemi bancari tradizionali.

Inoltre, la tecnologia blockchain ha permesso lo sviluppo di piattaforme di finanza decentralizzata (DeFi), che mirano a replicare e innovare i servizi finanziari tradizionali in modo decentralizzato. Le piattaforme DeFi sfruttano i contratti intelligenti per automatizzare le transazioni e gli accordi finanziari, come i prestiti, i mutui, il trading e la gestione degli asset, senza la necessità di intermediari finanziari tradizionali come le banche o i broker. Questo approccio decentralizzato alla finanza offre maggiore accessibilità, trasparenza e inclusione finanziaria, consentendo agli individui di accedere ai servizi finanziari e di partecipare ai mercati globali.

Inoltre, la tecnologia blockchain ha il potenziale per semplificare e migliorare diverse operazioni bancarie, tra cui i pagamenti transfrontalieri, i finanziamenti commerciali e la verifica dell'identità. Sfruttando il libro mastro immutabile e le caratteristiche di sicurezza crittografica della blockchain, le banche possono migliorare l'efficienza, la sicurezza e la trasparenza delle loro operazioni, riducendo i costi, attenuando le frodi e aumentando la fiducia dei clienti. Inoltre, le soluzioni basate su blockchain consentono il regolamento delle transazioni in tempo reale, eliminano gli intermediari e permettono un'interoperabilità senza soluzione di continuità tra le diverse istituzioni finanziarie, aprendo la strada a un sistema finanziario globale più efficiente e interconnesso.

5.5 Sistemi di voto

La tecnologia blockchain offre una soluzione promettente per migliorare la sicurezza, la trasparenza e l'integrità dei sistemi di voto. Sfruttando il registro decentralizzato e immutabile della blockchain, i processi di voto possono essere resi più resistenti a manomissioni, frodi e manipolazioni. Ogni voto viene registrato come una transazione sulla blockchain, garantendo trasparenza e responsabilità durante l'intero processo di voto.

I sistemi di voto basati su blockchain possono consentire un voto sicuro e verificabile da qualsiasi parte del mondo, eliminando la necessità di seggi elettorali fisici e consentendo la partecipazione a distanza. Inoltre, la tecnologia blockchain può migliorare l'autenticazione degli elettori e la verifica dell'identità, riducendo il rischio di impersonificazione degli elettori e garantendo che solo gli elettori idonei possano esprimere il proprio voto. Nel complesso, i sistemi di voto basati su blockchain hanno il potenziale per aumentare la fiducia degli elettori, la partecipazione e la fiducia nei processi elettorali, rafforzando in ultima analisi la democrazia e promuovendo l'impegno civico.

5.6 Gestione della proprietà intellettuale

La tecnologia blockchain offre soluzioni innovative per la gestione dei diritti di proprietà intellettuale (PI), la protezione dei beni intellettuali dei creatori e la facilitazione di pagamenti trasparenti ed efficienti di licenze e royalties. Sfruttando le capacità del libro mastro immutabile e degli smart contract della blockchain, i processi di gestione della PI possono essere semplificati, decentralizzati e più sicuri. La blockchain consente di creare certificati digitali di autenticità e proprietà per gli asset di proprietà intellettuale, come brevetti, copyright, marchi e contenuti digitali. Ogni bene di proprietà intellettuale può essere tokenizzato e registrato sulla blockchain, fornendo un record di proprietà e provenienza a prova di manomissione. Ciò garantisce che i creatori abbiano prove inconfutabili dei loro diritti di proprietà intellettuale, riducendo il rischio di violazione e di uso non autorizzato. I contratti intelligenti svolgono un ruolo cruciale nell'automatizzazione dei processi di gestione della proprietà intellettuale, come gli accordi di licenza, il pagamento delle royalties e la distribuzione dei contenuti. I contratti intelligenti possono essere programmati per applicare automaticamente i termini e le condizioni degli accordi di proprietà intellettuale, garantendo che i creatori ricevano un compenso equo per l'uso della loro proprietà intellettuale. Inoltre, la natura trasparente e verificabile della blockchain aumenta la fiducia e la responsabilità tra le parti interessate, riducendo le controversie e migliorando l'efficienza delle transazioni di proprietà intellettuale.

Nel complesso, la tecnologia blockchain ha il potenziale per rivoluzionare la gestione della proprietà intellettuale, fornendo una piattaforma decentralizzata, trasparente e sicura ai creatori per proteggere, gestire e monetizzare i loro beni intellettuali. Man mano che le soluzioni di gestione della proprietà intellettuale basate sulla blockchain continuano a evolversi, hanno il potenziale per guidare l'innovazione, la creatività e la crescita economica in diversi settori.

Capitolo 6: Sfide e limitazioni

La tecnologia blockchain ha suscitato grande attenzione per il suo potenziale di rivoluzionare diversi settori industriali, fornendo soluzioni decentralizzate, trasparenti e sicure. Tuttavia, come ogni tecnologia emergente, anche la blockchain deve affrontare diverse sfide e limitazioni che devono essere affrontate per un'adozione e una scalabilità diffuse. In questa breve introduzione esploreremo alcune delle principali sfide e limitazioni della blockchain:

6.1 Scalabilità

La scalabilità è una sfida cruciale per la tecnologia blockchain, che cerca di gestire volumi crescenti di transazioni mantenendo efficienza e prestazioni. Le blockchain tradizionali, come Bitcoin ed Ethereum, devono affrontare limitazioni di scalabilità a causa dei loro meccanismi di consenso, delle restrizioni sulle dimensioni dei blocchi e della congestione della rete. Tuttavia, sono stati studiati diversi approcci per risolvere i problemi di scalabilità:

- **Soluzioni di livello 2**: Le soluzioni di livello 2, come la Lightning Network per Bitcoin e la Raiden Network per Ethereum, mirano a migliorare la scalabilità conducendo le transazioni fuori dalla catena e regolandole periodicamente sulla blockchain principale. Queste soluzioni consentono transazioni più rapide ed economiche senza compromettere la sicurezza.
- **Sharding**: Lo sharding prevede la suddivisione della rete blockchain in sottoinsiemi più piccoli, o shard, ciascuno in grado di elaborare le transazioni in modo indipendente. Questo approccio può aumentare significativamente il throughput delle transazioni e ridurre la latenza parallelizzando l'elaborazione delle transazioni su più shard.
- **Ottimizzazione dell'algoritmo di consenso**: Gli algoritmi di consenso svolgono un ruolo cruciale nella scalabilità della blockchain. Protocolli come Proof of Stake (PoS) e Delegated Proof of Stake (DPoS) offrono una migliore scalabilità rispetto a Proof of Work (PoW), riducendo il consumo energetico e aumentando il throughput delle transazioni.

6.2 Interoperabilità

L'interoperabilità si riferisce alla capacità di reti e protocolli blockchain diversi di comunicare e condividere dati senza soluzione di continuità. Il raggiungimento dell'interoperabilità è essenziale per realizzare il pieno potenziale della tecnologia blockchain e consentire la collaborazione tra ecosistemi diversi. Si stanno esplorando diversi approcci per affrontare le sfide dell'interoperabilità:

- **Protocolli di comunicazione cross-chain**: I protocolli di comunicazione cross-chain, come l'Interledger Protocol (ILP) e gli Atomic Swap, consentono l'interoperabilità facilitando lo scambio di beni e dati tra diverse reti blockchain senza la necessità di intermediari.
- **Ponti blockchain**: I ponti blockchain stabiliscono connessioni tra reti blockchain separate, consentendo il trasferimento di beni e dati tra di esse. Questi ponti possono essere centralizzati o decentralizzati, a seconda dei casi d'uso e dei requisiti specifici.
- **Iniziative di standardizzazione**: Le iniziative di standardizzazione, come la Interledger Foundation e la Blockchain Interoperability Alliance, mirano a stabilire protocolli e standard comuni per l'interoperabilità, promuovendo la comunicazione e la collaborazione senza soluzione di continuità tra le reti blockchain.

6.3 Consumo di energia

Il consumo energetico è un problema significativo associato alla tecnologia blockchain, in particolare ai meccanismi di consenso Proof of Work (PoW) utilizzati da reti come Bitcoin ed Ethereum. Il PoW richiede una quantità sostanziale di potenza di calcolo, con conseguente consumo energetico e impatto ambientale elevati. Per risolvere i problemi di consumo energetico, si stanno perseguendo diverse strategie:

- **Passaggio a Proof of Stake (PoS)**: I meccanismi di consenso basati su PoS, che si basano sul fatto che i validatori puntino le loro criptovalute per proteggere la rete, offrono un'alternativa più efficiente dal punto di vista energetico rispetto a PoW. Il passaggio a PoS previsto da Ethereum con Ethereum 2.0 mira a ridurre significativamente il consumo energetico.
- **Tecniche di estrazione ad alta efficienza energetica**: Si stanno sviluppando innovazioni nell'hardware e negli algoritmi di estrazione per migliorare l'efficienza energetica e ridurre l'impronta ambientale delle operazioni di estrazione blockchain. Queste includono tecnologie come i circuiti integrati specifici per le applicazioni (ASIC) e i mining pool.

- **Esplorazione di meccanismi di consenso alternativi**: La ricerca sui meccanismi di consenso alternativi, come Proof of Authority (PoA) e Proof of Space (PoSpace), cerca di ridurre al minimo il consumo energetico mantenendo la sicurezza e la decentralizzazione della rete.

6.4 Problemi di sicurezza

La sicurezza rimane una preoccupazione fondamentale nella tecnologia blockchain, dato il potenziale di attacchi malevoli, vulnerabilità ed exploit. Sebbene la blockchain offra caratteristiche di sicurezza intrinseche come l'hashing crittografico e il consenso decentralizzato, persistono diverse sfide per la sicurezza:

- **Attacchi al 51%**: Nelle reti blockchain Proof of Work (PoW), il rischio di un attacco del 51%, in cui una singola entità controlla la maggior parte della potenza di estrazione della rete, rimane una preoccupazione significativa. Questo può portare a una doppia spesa e alla manipolazione della rete.

- **Vulnerabilità dei contratti smart**: I contratti smart sono suscettibili di bug, errori di codifica e vulnerabilità di sicurezza che possono essere sfruttate da soggetti malintenzionati. Episodi di alto profilo come l'hack di DAO e il bug del portafoglio Parity evidenziano l'importanza di verifiche rigorose del codice e di test di sicurezza.

- **Problemi di privacy**: Se da un lato la blockchain offre pseudonimato e trasparenza, dall'altro solleva problemi di privacy per quanto riguarda l'esposizione dei dati sensibili delle transazioni. Per risolvere questi problemi si stanno sviluppando tecnologie che migliorano la privacy, come le prove a conoscenza zero e le firme ad anello.

6.5 Problemi normativi

L'incertezza normativa e l'evoluzione del quadro giuridico pongono delle sfide all'adozione diffusa e all'integrazione della tecnologia blockchain nei settori e negli ambienti normativi esistenti. Le principali questioni normative includono:

- **Conformità normativa**: I progetti blockchain devono navigare in un panorama normativo complesso, che comprende le normative finanziarie, le leggi sulla protezione dei dati e le normative sui titoli. La conformità ai requisiti di Know

Your Customer (KYC) e Anti-Money Laundering (AML) è particolarmente impegnativa negli ecosistemi decentralizzati.

- **Riconoscimento legale dei contratti intelligenti**: I contratti intelligenti, pur essendo programmaticamente applicabili, possono mancare di riconoscimento legale in alcune giurisdizioni. Chiarire lo status giuridico dei contratti intelligenti e stabilire un quadro di riferimento per la loro esecutività è essenziale per un'adozione diffusa.

- **Tokenizzazione e regolamentazione dei titoli**: L'emissione e la negoziazione di token basati sulla blockchain sollevano preoccupazioni relative alla normativa sui titoli, in particolare per quanto riguarda le offerte iniziali di monete (ICO) e gli asset tokenizzati. Le agenzie di regolamentazione sono alle prese con la classificazione dei token come titoli e la definizione di linee guida per la conformità.

In conclusione, affrontare i problemi di scalabilità, interoperabilità, consumo energetico, sicurezza e regolamentazione è fondamentale per far progredire l'adozione e la maturazione della tecnologia blockchain. Gli sforzi di collaborazione tra gli stakeholder del settore, gli enti normativi e gli sviluppatori di tecnologie sono essenziali per superare questi problemi.

Capitolo 7: Tendenze e sviluppi futuri

7.1 Soluzioni di interoperabilità

L'interoperabilità rimane un ostacolo significativo nel panorama della blockchain, impedendo lo scambio continuo di dati e beni tra reti diverse. Per superare questa sfida, sono emerse soluzioni innovative di interoperabilità. Piattaforme come Polkadot e Cosmos sono all'avanguardia nel creare ecosistemi blockchain interconnessi, creando ponti tra le diverse reti. Queste soluzioni facilitano la comunicazione tra catene e i trasferimenti di asset, consentendo l'interoperabilità tra diverse piattaforme blockchain. Inoltre, protocolli come l'Interledger Protocol (ILP) forniscono un quadro standardizzato per lo scambio di valore tra diverse reti di pagamento, compresi i sistemi blockchain e tradizionali.

7.2 Miglioramenti della scalabilità

La scalabilità è un fattore critico per l'adozione della tecnologia blockchain, soprattutto perché le reti devono affrontare la sfida di elaborare volumi crescenti di transazioni. Sono stati sviluppati diversi approcci per migliorare la scalabilità dei sistemi blockchain. Le soluzioni di scalabilità di livello 2, come la Lightning Network e i canali di stato, consentono l'elaborazione delle transazioni fuori catena, alleviando la congestione sulla blockchain principale. Un'altra tecnica, lo sharding, suddivide la blockchain in segmenti più piccoli e gestibili, consentendo l'elaborazione parallela delle transazioni e aumentando significativamente il throughput. Inoltre, l'evoluzione dei meccanismi di consenso, come Proof of Stake (PoS) e Delegated Proof of Stake (DPoS), offre alternative efficienti dal punto di vista energetico alla tradizionale Proof of Work (PoW), migliorando così la scalabilità.

7.3 Integrazione con IoT e AI

La tecnologia blockchain si interseca sempre più spesso con altre tecnologie di trasformazione, come l'Internet delle cose (IoT) e l'intelligenza artificiale (AI), per sbloccare nuove possibilità. Integrando la blockchain con i dispositivi IoT, le organizzazioni possono creare reti di condivisione dei dati sicure e trasparenti, consentendo il tracciamento e la gestione in tempo reale di dispositivi e sensori IoT. Gli algoritmi di AI possono sfruttare il libro mastro immutabile della blockchain per accedere e analizzare i dati in modo sicuro, facilitando analisi avanzate, approfondimenti predittivi e processi decisionali autonomi. Questa convergenza di blockchain, IoT e AI presenta opportunità in diversi settori, tra cui la gestione della catena di approvvigionamento, la sanità, le smart city e altri ancora, dove le capacità combinate di queste tecnologie favoriscono l'efficienza, la trasparenza e l'innovazione.

7.4 Regolamentazione e conformità

La regolamentazione e la conformità sono fattori cruciali per l'adozione della tecnologia blockchain, in particolare nei settori regolamentati come la finanza e la sanità. I governi e gli enti normativi stanno lavorando attivamente per stabilire quadri normativi chiari per affrontare le sfide legali e di conformità associate alle applicazioni blockchain. La chiarezza normativa è essenziale per le aziende che vogliono orientarsi tra i requisiti legali, garantire la protezione dei consumatori e promuovere la fiducia nelle soluzioni basate sulla blockchain. Le misure di conformità, tra cui le normative Know Your Customer (KYC) e Anti-Money Laundering (AML), vengono integrate nelle piattaforme blockchain per soddisfare gli standard normativi e sostenere le best practice del settore.

7.5 Adozione da parte delle imprese

L'adozione della tecnologia blockchain da parte delle aziende sta guadagnando slancio, in quanto le organizzazioni ne riconoscono il potenziale di efficienza operativa, trasparenza e innovazione. Le imprese stanno sfruttando le soluzioni blockchain per un'ampia gamma di casi d'uso, tra cui la gestione della catena di fornitura, la verifica dell'identità, i pagamenti digitali e la tokenizzazione degli asset. Le aziende di tutti i settori stanno implementando piattaforme e soluzioni basate su blockchain per semplificare i processi, ridurre i costi, mitigare i rischi e creare nuove opportunità di business. Nonostante le sfide, come la scalabilità e l'interoperabilità, le aziende stanno sempre più abbracciando la tecnologia blockchain come strumento strategico per la trasformazione digitale e il vantaggio competitivo. Con i continui progressi e la maturazione, la blockchain è pronta a rivoluzionare le operazioni aziendali e a rimodellare i settori nei prossimi anni.

Capitolo 8: Conclusioni e prospettive future

Il viaggio attraverso i progressi e le sfide della tecnologia blockchain presenta una narrazione avvincente di innovazione, adattamento e trasformazione. Mentre navighiamo nell'intricato panorama dell'adozione della blockchain, diventa evidente che il potenziale di integrazione aziendale è vasto, ma non privo di complessità.

- **Le soluzioni di interoperabilità** sono emerse come fattori chiave per colmare il divario tra le diverse reti blockchain. Piattaforme come Polkadot e Cosmos stanno gettando le basi per una comunicazione e uno scambio di asset senza soluzione di continuità, favorendo un ecosistema blockchain più interconnesso. Abbracciando le soluzioni di interoperabilità, le imprese possono sbloccare nuove possibilità di collaborazione e scambio di dati, superando i limiti delle reti blockchain isolate.
- **I miglioramenti della scalabilità** sono essenziali affinché la tecnologia blockchain realizzi il suo pieno potenziale nelle applicazioni aziendali. Le soluzioni di scalabilità di livello 2, le tecniche di sharding e i progressi nei meccanismi di consenso offrono strade promettenti per migliorare il throughput delle transazioni e le prestazioni. Poiché le imprese si sforzano di scalare le loro soluzioni blockchain per soddisfare le crescenti richieste, le innovazioni in materia di scalabilità svolgeranno un ruolo fondamentale nel consentire una crescita e un'adozione sostenibili.
- **L'integrazione con l'IoT e l'AI** rappresenta una convergenza di tecnologie che promette molto bene per l'innovazione aziendale. Sfruttando la potenza della blockchain, dei dispositivi IoT e degli algoritmi di IA, le imprese possono creare ecosistemi intelligenti, sicuri e trasparenti per la gestione dei dati e il processo decisionale. Dall'ottimizzazione della catena di approvvigionamento alla manutenzione predittiva e alle esperienze personalizzate dei clienti, l'integrazione della blockchain con l'IoT e l'AI apre una miriade di opportunità per incrementare l'efficienza operativa e il valore aziendale.
- **La regolamentazione e la conformità** sono considerazioni fondamentali per l'adozione della tecnologia blockchain da parte delle imprese. La chiarezza normativa e i quadri di conformità sono essenziali per orientarsi tra i requisiti legali e creare fiducia tra gli stakeholder. Poiché i governi e gli enti normativi continuano a perfezionare il loro approccio alla regolamentazione della blockchain, le aziende devono rimanere al passo con l'evoluzione degli standard

di conformità e integrare solidi meccanismi di governance nelle loro iniziative blockchain.

- **L'adozione** della tecnologia blockchain da parte **delle imprese** sta guadagnando slancio, in quanto le organizzazioni riconoscono il suo potenziale per guidare l'innovazione, migliorare l'efficienza e creare nuove opportunità di business. Nonostante le sfide, come la scalabilità, l'interoperabilità e l'incertezza normativa, le imprese stanno sempre più abbracciando la blockchain come strumento strategico per la trasformazione digitale. Con la collaborazione, l'innovazione e gli investimenti continui, la tecnologia blockchain è pronta a rivoluzionare le operazioni aziendali e a rimodellare i settori in tutto il mondo.

In conclusione, il futuro della tecnologia blockchain nelle imprese è luminoso e ricco di promesse. Superando le sfide, abbracciando l'innovazione e promuovendo la collaborazione, le imprese possono sfruttare il potere di trasformazione della blockchain per guidare una crescita sostenibile, promuovere l'innovazione e creare valore nell'economia digitale di domani.

Ambito futuro:

La portata futura della tecnologia blockchain è vasta e sfaccettata, con numerose applicazioni potenziali e opportunità di innovazione. Alcune aree chiave in cui si prevede che la blockchain avrà un impatto significativo sono:

- **Finanza decentralizzata (DeFi)**: La blockchain ha il potenziale per rivoluzionare i sistemi finanziari tradizionali, consentendo di erogare prestiti, mutui, scambi e gestioni patrimoniali in modo decentralizzato, senza la necessità di intermediari. Le piattaforme DeFi costruite su blockchain offrono maggiore accessibilità, trasparenza ed efficienza rispetto ai servizi finanziari tradizionali.

- **Gestione della catena di approvvigionamento**: La tecnologia blockchain può migliorare la trasparenza, la tracciabilità e l'efficienza della catena di approvvigionamento, fornendo visibilità in tempo reale sul movimento delle merci e delle transazioni lungo la catena di approvvigionamento. Registrando ogni transazione su un libro mastro immutabile, la blockchain consente alle parti interessate di tracciare i prodotti dall'origine al consumatore finale, riducendo così frodi, contraffazioni e inefficienze.

- **Gestione dell'identità digitale**: Le soluzioni di identità digitale basate su blockchain offrono un modo sicuro e verificabile per gestire identità e credenziali in modo decentralizzato. Fornendo agli individui un maggiore controllo sui propri dati personali e consentendo processi di autenticazione sicuri, la tecnologia blockchain ha il potenziale per trasformare il modo in cui l'identità viene gestita e verificata in vari settori, tra cui sanità, finanza e servizi governativi.
- **Internet degli oggetti (IoT)**: La tecnologia blockchain può facilitare la condivisione sicura e decentralizzata dei dati e le transazioni nelle reti IoT. Consentendo ai dispositivi di interagire e transare autonomamente senza la necessità di autorità centrali, la blockchain migliora la sicurezza, la privacy e l'efficienza degli ecosistemi IoT. Le applicazioni includono il monitoraggio della catena di approvvigionamento, le reti energetiche intelligenti e le reti di veicoli connessi.
- **Sanità**: La blockchain ha il potenziale per rivoluzionare l'assistenza sanitaria gestendo in modo sicuro le cartelle cliniche dei pazienti, garantendo l'integrità dei dati e facilitando l'interoperabilità tra fornitori e sistemi sanitari. Creando un registro trasparente e a prova di manomissione delle informazioni sui pazienti, la blockchain può migliorare l'accuratezza delle cartelle cliniche, snellire i processi amministrativi e migliorare i risultati delle cure dei pazienti.
- **Contratti intelligenti e organizzazioni autonome decentralizzate (DAO)**: I contratti intelligenti sono contratti autoesecutivi con i termini dell'accordo scritti direttamente nel codice. Consentono transazioni automatizzate e prive di fiducia, eliminando la necessità di intermediari e riducendo il rischio di frodi. Le organizzazioni autonome decentralizzate (DAO) sono organizzazioni basate su blockchain governate da contratti intelligenti e gestite dai loro membri. Consentono un processo decisionale decentralizzato, l'allocazione delle risorse e la governance senza controllo centralizzato.
- **Sistemi di governo e di voto**: La tecnologia blockchain può migliorare la trasparenza, la sicurezza e l'integrità della governance e dei sistemi di voto, fornendo registrazioni immutabili dei voti e consentendo elezioni sicure e verificabili. I sistemi di voto basati su Blockchain offrono maggiore accessibilità, verificabilità e resistenza alle manomissioni, migliorando così i processi democratici e la partecipazione dei cittadini.

- **Impatto ambientale e sociale**: La tecnologia blockchain ha il potenziale per affrontare le sfide ambientali e sociali, consentendo soluzioni trasparenti e decentralizzate per lo sviluppo sostenibile, l'energia rinnovabile, il commercio equo e solidale e le iniziative a impatto sociale. Sfruttando le caratteristiche di trasparenza, tracciabilità e responsabilità della blockchain, le organizzazioni possono tracciare e verificare l'impatto delle loro azioni, promuovere pratiche etiche e guidare un cambiamento positivo.

Nel complesso, la portata futura della tecnologia blockchain è vasta e promettente, con il potenziale di trasformare le industrie, dare potere agli individui e creare un mondo più trasparente, sicuro ed equo. Mentre la blockchain continua a evolversi e a maturare, è essenziale affrontare sfide come la scalabilità, l'interoperabilità e la conformità normativa per sbloccare il suo pieno potenziale e realizzare il suo impatto trasformativo sulla società.

Riferimenti

1. Buterin, V. (2017). Polkadot: Visione per un framework multi-catena eterogeneo. Recuperato da https://polkadot.network/

2. Cosmos. (2019). L'Internet delle blockchain. Recuperato da https://cosmos.network/

3. Ripple. (2018). Protocollo Interledger. Recuperato da https://interledger.org/

4. Poon, J., & Dryja, T. (2016). La rete di fulmini Bitcoin: Pagamenti istantanei scalabili fuori dalla catena. Recuperato da https://lightning.network/lightning-network-paper.pdf

5. Fondazione Ethereum. (2017). Canali di Stato. Recuperato da https://ethereum.org/en/state-channels/

6. Vitalik Buterin. (2014). Carta bianca di Ethereum. Recuperato da https://ethereum.org/en/whitepaper/

7. Nakamoto, S. (2008). Bitcoin: un sistema di denaro elettronico peer-to-peer. Recuperato da https://bitcoin.org/bitcoin.pdf

8. Zamfir, V., & Buterin, V. (2017). Casper, il gadget amichevole per la finalità. Recuperato da https://github.com/ethereum/research/blob/master/papers/CasperTFG/CasperTFG.pdf

9. Tschorsch, F., & Scheuermann, B. (2016). Bitcoin e oltre: Un'indagine tecnica sulle valute digitali decentralizzate. IEEE Communications Surveys & Tutorials, 18(3), 2084-2123. doi:10.1109/comst.2016.2535718

10. Swan, M. (2015). Blockchain: Blueprint for a New Economy. O'Reilly Media.

11. Tapscott, D., & Tapscott, A. (2016). Blockchain Revolution: How the Technology Behind Bitcoin is Changing Money, Business, and the World. Penguin.

12. Christidis, K., & Devetsikiotis, M. (2016). Blockchain e contratti intelligenti per l'Internet delle cose. IEEE Access, 4, 2292-2303. doi:10.1109/access.2016.2566339

13. Yli-Huumo, J., Ko, D., Choi, S., Park, S., & Smolander, K. (2016). A che punto è la ricerca attuale sulla tecnologia blockchain? - Una revisione sistematica. PLoS ONE, 11(10), e0163477. doi:10.1371/journal.pone.0163477

14. Parlamento europeo. (2018). Blockchain: Implicazioni legali di una tendenza tecnologica. Recuperato da https://www.europarl.europa.eu/RegData/etudes/BRIE/2019/608865/EPRS_BRI(2019)608865_EN.pdf

15. O'Dair, M., & Smith, R. (2019). Blockchain e AI: il Regno Unito come leader mondiale nella tecnologia Distributed Ledger. Recuperato da https://researchbriefings.files.parliament.uk/documents/CBP-8408/CBP-8408.pdf

16. Forum economico mondiale. (2019). Consiglio aziendale globale sulla blockchain: Enterprise Blockchain Implementation Toolkit. Recuperato da https://www3.weforum.org/docs/WEF_GBBC_Enterprise_Blockchain_Implementation_Toolkit_2019.pdf

17. Lacity, M. C. e Williams, S. (2020). Blockchain e IA: revisione e direzioni di ricerca. Journal of International Business Research and Marketing, 5(2), 19-30.

18. Gartner. (2021). Gartner afferma che la spesa mondiale per la blockchain raggiungerà i 6,6 miliardi di dollari nel 2021, con un aumento dell'11,7% rispetto al 2020. Recuperato da https://www.gartner.com/en/newsroom/press-releases/2021-04-14-gartner-says-worldwide-blockchain-spending-to-reach-6-point-6-billion-in-2021-up-11-point-7-percent-from-2020

Milton Keynes UK
Ingram Content Group UK Ltd.
UKHW040710200324
439767UK00002B/123

9 786207 247011